孔子学院总部/国家汉办
Confucius Institute Headquarters(Hanban)

读物
Readers

The Bridge of
Friendship

友谊的桥

Level 4
四级

孔子学院总部 / 国家汉办 编

北京语言大学出版社
BEIJING LANGUAGE AND CULTURE
UNIVERSITY PRESS

图书在版编目（CIP）数据

友谊的桥 / 孔子学院总部 / 国家汉办编 .—北京：
北京语言大学出版社，2014.12
（好朋友：汉语分级读物 . 四级）
ISBN 978-7-5619-4053-2

Ⅰ . ①友… Ⅱ . ①孔… Ⅲ . ①汉语—对外汉语教学—
语言读物 Ⅳ . ① H195.5
中国版本图书馆 CIP 数据核字（2014）第 280500 号

书　　名：友谊的桥
　　　　　YOUYI DE QIAO
责任印制：姜正周　　　　　　　练习编写：倪佳倩
英文翻译：孙齐圣　　　　　　　插图绘制：孙　屹

出版发行：北京语言大学出版社
社　　址：北京市海淀区学院路 15 号　邮政编码：100083
网　　址：www.blcup.com
电　　话：发行部　82303650 / 3591 / 3651
　　　　　编辑部　82301016
　　　　　读者服务部　82303653
　　　　　网上订购电话　82303908
　　　　　客户服务信箱　service@blcup.com
印　　刷：北京画中画印刷有限公司
经　　销：全国新华书店

版　　次：2014 年 12 月第 1 版　　2014 年 12 月第 1 次印刷
开　　本：889 毫米 × 1194 毫米　1/32　印张：1.875
字　　数：28 千字
书　　号：ISBN 978-7-5619-4053-2 / H · 14329
　　　　　03500

凡有印装质量问题，本社负责调换。电话：82303590

亲爱的朋友:

你好!

"好朋友——汉语分级读物"是我们为广大汉语学习者奉上的一份礼物,在这里,你可以用汉语读到自己熟悉的文化,你可以根据自己的汉语水平选择难度级别合适的读物,你还可以随时随地听读这些故事,汉语学习在这里变得亲切、简单、有效。

多元文化:这套读物的原始素材主要来自国家汉办举办的首届"孔子学院杯"国际汉语教学写作大赛的获奖作品,我们挑选了来自40个国家的作品,当你读到自己熟悉的文化,是不是觉得更加亲切呢?除此之外,你还可以用汉语了解其他39个国家的见闻,这是多么有意思的事情啊!

分级阅读:这套读物共6个级别,语言难度和词汇量分别对应新汉语水平考试(新HSK)1-6级。你可以根据自己的汉语水平选择难度级别合适的读物。

随时听读:这套读物配有录音MP3和可供免费下载的音频文件,让你有效利用碎片时间,随时随地听读有趣的故事,让阅读的乐趣无处不在。

感谢孔子学院总部暨国家汉办的大力支持和帮助,使得这套读物顺利出版。

编者

Dear friends,

Friends—Chinese Graded Readers is a gift for Chinese learners, where you can read familiar culture in Chinese, choose the appropriate reading materials of different levels according to your language proficiency, and listen to and read these stories anytime and anywhere. In these books, learning Chinese becomes habitual, simple, and effective.

Multicultural: The raw materials of these readers mainly come from the award-winning works in the First "Confucius Institute Cup" International Chinese Language Teaching and Writing Contest held by Hanban. Works from 40 countries are included in these books. Won't you have a more cordial feeling when reading about the culture you are familiar with? In addition, you can read about the experiences in 39 other countries in Chinese, which will also be a fun learning experience.

Graded Reading: The series of readers consists of six levels with their grammar and vocabulary corresponding to Levels 1–6 in the New HSK Syllabus. You can choose books of a certain degree of difficulty according to your own level of Chinese proficiency.

Listen and Read Anytime: Each reader comes along with an MP3 CD as well as online audio files for free downloading, enabling readers to make use of fragments of time to listen to and read interesting stories, thus making the fun of reading everywhere.

We hereby would like to extend our gratitude to the Confucius Institute Headquarters (Hanban) for the great support and help we are given to successfully publish this series of readers.

The Compilers

语法术语缩略形式表
Abbreviations for Grammatical Terms

英文缩写 Abbreviations	英文全称 Grammatical Terms in English	中文名称 Grammatical Terms in Chinese
n.	noun	名词
p.n.	proper noun	专有名词
v.	verb	动词
adj.	adjective	形容词
num.	numeral	数词
m.	measure word	量词
pron.	pronoun	代词
adv.	adverb	副词
prep.	preposition	介词
conj.	conjunction	连词
part.	particle	助词
int.	interjection	叹词
ono.	onomatopoeic word	拟声词

目　录

奇怪的美丽
Strange Beauty

Krasnoslobodtseva Valeriya
俄罗斯莫斯科大学孔子学院

俄罗斯最有名的着装是什么?
What is the most famous dress in Russia?

01

我是俄罗斯[1]人,生活在莫斯科[2],在莫斯科每个人都有机会找到理想的工作,都可能赚很多钱。你只要努力地学习,认真地工作,就有可能梦想成真[3]。

有一样东西,莫斯科人如果买了,就会觉得他们的梦想成真了,觉得自己的

1. 俄罗斯 Éluósī p.n. Russia	
2. 莫斯科 Mòsīkē p.n. Moscow	
3. 梦想成真 mèngxiǎngchéngzhēn dreams come true	

生活很好了。这个东西就是皮草[4]。

莫斯科的冬天很冷，有时候有零下三十多度[5]。冷空气来了，大家都需要多穿点儿衣服，暖和一点儿，所以大部分俄罗斯人都有皮草，这是俄罗斯最有名的着装[6]。

可是现在一些人穿皮草不是因为天气冷，而是因为它贵，成了有钱人的象征[7]。

这些人穿上皮草就觉得自己成了最漂亮的人，成了有钱人。秋天来了，他们就开始着急：冬天什么时候开始呢？

4. 皮草 pícǎo n. fur

5. 度 dù m. degree

6. 着装 zhuózhuāng n. dress, attire

7. 象征 xiàngzhēng n. symbol

zháo = to touch ?

他们没有耐心再等下去了，零下二三度，他们就穿上了皮草。有时候在地铁里可以看见很多穿皮草的人，他们看着很不高兴。为什么不高兴呢？因为皮草太重了！

不知道是不是因为穿皮草太热了，所以他们的脸红了。

练习　Exercises

● ●

选出正确答案。Choose the right answer.

> A. 大部分　B. 生活　C. 理想　D. 耐心　E. 努力

1. "我"是俄罗斯人，(B)在莫斯科。

2. 在莫斯科每个人都有机会找到（ C ）的工作。

3. 你需要（ E ）地学习，认真地工作。

4.（ A ）俄罗斯人都有皮草。

5. 他们没有（ D ）再等下去了。

二　选出正确答案。Choose the right answer.

● ●

1. 莫斯科人买了什么东西就会觉得自己的生活很好了？（ B ）

　A. 帽子　　　B. 皮草　　　C. 车子　　　D. 房子

2. 现在人们穿皮草不是因为天气冷，而是因为什么？（ D ）

　A. 暖和　　　　　　　　B. 舒服

　C. 漂亮　　　　　　　　D. 是有钱人的象征

3. 在地铁里可以看见很多穿皮草的人，他们看着
   很不高兴。为什么？（ A ）

   A. 皮草太重   B. 不喜欢上班

   C. 天气太差   D. 没有休息好

4. 莫斯科冬天的天气怎么样？（ C ）

   A. 很热   B. 比较暖和   C. 很冷   D. 很舒服

5. 为什么地铁里穿皮草的人脸红了？（ B ）

   A. 太冷了   B. 太热了   C. 生气了   D. 生病了

三 说说你对奢侈品的看法。

Talk about your opinion of luxuries.

shē chǐ

日本人[1]怎样[2]买单[3]

How Do the Japanese Pay the Bill

在日本和好朋友吃饭怎样买单？
How do Japanese people eat with friends?

02

在日本，AA 制[4] 是很常见的，但是也不一定什么时候都是 AA 制，这跟"和谁一起吃饭""吃饭的目的"和"去哪儿吃饭"都有关系。

"和谁一起吃饭"——如果我跟我的好朋友一起去吃饭，我们一般自己点菜，然后自己买单。这是因为日本菜一般是一份一份地卖，而每个

1. 日本人 rìběnrén
   n. Japanese (people)
   日本 Rìběn   p.n.
   Japan

2. 怎样 zěnyàng
   pron. how

3. 买单 mǎidān   v.
   to pay the bill

4. AA 制 AA zhì
   Dutch treat

7

人都会点价格不一样的菜，所以如果是这种情况，AA制就不合适。如果跟比我年龄大的人一起吃饭，一般年龄大的人会买单。但是如果年龄大的人不说我们怎么买单，我就知道了我们应该AA制。虽然年龄很重要，但是有时候收入也很重要，所以如果年龄小的人赚的钱多，年轻人也可能买单。再比如我跟家人一起去吃饭的话，应该我爸爸或者爷爷买单。

"吃饭的目的"——如果我们跟一个过生日的人一起去

吃饭的话，除了那个过生日的人之外，其他人要AA制。

"去哪儿吃饭"——如果我们去卡拉OK[5]吃饭，要AA制，因为我们都很开心，大家分享[6]了快乐，就应该分摊[7]这些钱。

在日本，钱是很重要的，但是我们又不好意思提到钱，所以很多人喜欢自己买单。

5. 卡拉OK　kǎlā OK
   karaoke

6. 分享　fēnxiǎng　v.
   to share (joy, rights, etc.)

7. 分摊　fēntān　v.
   to share (expenses, duties, etc.)

练习 Exercises

一 选出正确答案。Choose the right answer.

> A. 点菜　B. 除了　C. 重要　D. 不一样　E. 收入

1. 日本菜一般是一份一份地卖，而每个人都会点价格（ D ）的菜。

2. 跟朋友一起去吃饭，我们一般自己（ A ），然后自己买单。

3. 虽然年龄很重要，但是有时候（ E ）也很重要。

4.（ B ）那个过生日的人之外，其他人要 AA 制。

5. 在日本，钱是很（ C ）的。

二 选出正确答案。Choose the right answer.

1. 下面哪项和怎样买单没有关系？（ C ）

　　A. 和谁一起吃饭　　　　B. 吃饭的目的

　　C. 几点吃饭　　　　　　D. 去哪儿吃饭

2. 和年龄大的人一起吃饭，一般谁买单？（ C ）

　　A. AA 制　　　　　　　　B. 年龄小的人

　　C. 年龄大的人　　　　　　D. 自己买单

3. 一家人一起去吃饭的话，一般谁买单？（ A ）

　　A. 爸爸　　　B. 妈妈　　　C. 孩子　　　D. AA 制

4. 如果跟一个过生日的人一起吃饭，怎么买单？

　　（ D ）

　　A. 过生日的人付

　　B. AA 制

　　C. 年龄大的人付

　　D. 过生日的人不付钱，其他人 AA 制

5. 为什么去卡拉 OK 吃饭，要 AA 制？（ B ）

　　A. 年纪一样大　　　　　　B. 大家分享了快乐

　　C. 大家收入一样　　　　　D. 没有人愿意买单

三 说说在你们国家人们怎样买单。

Talk about how people in your country pay the bill.

汉语和我

Chinese and I

西村顺子　日本冈山商科大学孔子学院

"我"为什么要学汉语?
Why do "I" learn Chinese?

 03

我是一名六十七岁的家庭主妇[1]。两年来，每星期五我都去孔子学院[2]学汉语。像我这样的老年人[3]为什么学汉语呢？你们觉得奇怪吗？

我六十二岁的时候，开始考虑我以后应该怎样[4]生活。我觉得要想有一个幸福的晚年[5]，最重要的是有一个健康的身

1. 家庭主妇 jiātíng zhǔfù housewife	
2. 孔子学院 Kǒngzǐ Xuéyuàn p.n. Confucius Institute	
3. 老年人 lǎoniánrén n. senior citizen	
4. 怎样 zěnyàng pron. how	
5. 晚年 wǎnnián n. old age, twilight years	

体，于是我开始学打太极拳⁶。因为太极拳打起来很好看，也适合老年人，所以我非常喜欢打太极拳。打了三年太极拳以后，我开始想学汉语。我觉得要是懂汉语，可能会对太极拳有更深的理解，同时也能学到中国文化里更深的东西。有一天，我偶然⁷在报纸上看到了

6. 太极拳　tàijíquán
   n. tai chi chuan, Chinese shadow boxing

7. 偶然　ǒurán　adv. accidentally

孔子学院的介绍，而且孔子学院离我家不远，走十五分钟就到了，我很高兴。

虽然在孔子学院的学习很紧张，但是我很愉快。我们的老师很热情，同学也很友好。我最近每天在家看中国的电视剧[8]，我发现看电视剧也可以了解中国的文化。

8. 电视剧 diànshìjù
   n. TV drama

以后我会继续努力学习汉语，了解中国文化。我想如果有机会，我一定要到中国看看太极拳表演。

学汉语对我来说，是一件非常有意义[9]的事。

9. 意义 yìyì n.

    meaning, significance

练习 Exercises

一 选出正确答案。 Choose the right answer.

> A. 适合　B. 了解　C. 考虑　D. 幸福　E. 紧张

1. "我"开始（ C ）以后应该怎样生活。

2. "我"想要一个（ D ）的晚年。

3. 太极拳打起来很好看，也（ A ）老年人。

4. 在孔子学院的学习很（ E ），也很愉快。

5. 看电视也可以（ B ）中国的文化。

二 排列顺序。
Put the following sentences in the right order.

A. 打了三年太极拳后，"我"开始想学汉语。

B. "我"想有一个健康的身体。

C. 所以"我"开始学打太极拳。

D. 学汉语很紧张，也很愉快。

E. 于是"我"决定去孔子学院学汉语。

B	C	A	E	D

三 想象一下你六十岁以后的生活。 Imagine your life after 60.

波兰[1]最漂亮的城市

The Most Beautiful City in Poland

Agnieszka Jusinska（陆瑶） 波兰克拉科夫孔子学院

克拉科夫现在有多少人？
How many people are there in Krakow now?

04

我是波兰人，我的家在波兰最漂亮的城市——克拉科夫[2]。

克拉科夫在波兰南部，中间是河，南边是山。克拉科夫的气候很好，四季分明[3]。夏天的最高气温有三十五度[4]，冬天很冷，最低气温有零下十八度。克拉科夫很热闹，从早上到晚上，可以去的

1. 波兰 Bōlán p.n.
   Poland

2. 克拉科夫 Kèlākēfū
   p.n. Krakow

3. 分明 fēnmíng adj.
   clear, distinct

4. 度 dù m. degree

地方很多，咖啡馆、酒吧⁵、饭店、商店，到处都是人。以前克拉科夫只有一个大学⁶，现在大学越来越多，大学生也越来越多。现在克拉科夫已经有七十五万人了。

克拉科夫人很有趣，很可爱。我们一般都住在小公寓⁷里。这种小公寓有两个房间、一个厨房、一个洗手间，常常是父母与孩子住在一起，但是有时候是祖孙三代⁸住在一起。这里的人喜欢养⁹小动物，狗啊、猫啊、鱼啊……克拉科夫人很努力，每天都很早起床，然后父母上班，

5. 酒吧 jiǔbā n. bar

6. 大学 dàxué n. university

7. 公寓 gōngyù n. apartment

8. 祖孙三代 zǔsūn sān dài three generations

9. 养 yǎng v. to keep, to raise

孩子上学，老人们去商店买东西。工作做得越多，钱就拿得越多。克拉科夫人又很会生活，下了班就回家吃饭。我们周末从不工作，一般都在家休息。有的人看电视，有的人去图书馆，有的人去旅游。我每个周末都去见我的朋友，冬天我们去滑雪[10]，

10. 滑雪 huáxuě
v. to ski

夏天去爬山。

如果你来克拉科夫，一定要去参观国家图书馆，去爬一爬波兰最高的山。你也一定要吃波兰菜，波兰菜非常好吃。

欢迎大家来克拉科夫！

练习　Exercises

一 选出正确答案。Choose the right answer.

> A. 热闹　B. 一般　C. 气候　D. 大学生　E. 周末

1. 克拉科夫的（ C ）很好。

2. 克拉科夫很（ A ），到处都是人。

3. 现在大学越来越多，（ D ）也越来越多。

4. 小公寓（ B ）有两个房间。

5. "我"每个（ E ）都去见"我"的朋友。

二 选出正确答案。Choose the right answer.

1. 克拉科夫在波兰哪里？（ C ）

　A. 东部　　B. 西部　　C. 南部　　D. 北部

2. 克拉科夫人可能会养什么动物？（ A ）

　A. 狗　　B. 熊猫　　C. 马　　D. 羊

3. 克拉科夫人周末不会做什么？（ B ）

   A. 看电视   B. 上班

   C. 旅游   D. 去图书馆

4. 下面哪项不是去克拉科夫旅游一定要做的事情？（ C ）

   A. 喝波兰咖啡   B. 去国家图书馆

   C. 爬山   D. 吃波兰菜

5. 下面哪项不是文中提到的克拉科夫人的特点？（ D ）

   A. 有趣   B. 可爱   C. 努力   D. 小心

三 介绍一个你喜欢的城市。Introduce a city you like.

我的童年 [1]
My Childhood

Girta Päi（派歌尔） 爱沙尼亚塔林大学孔子学院

> 我们小时候为什么很早就学会了做饭？
> Why did "we" learn to cook early when "we" were young?

 05

我是一九五七年出生的。当时的爱沙尼亚[2]和现在很不一样。

我出生的时候，人们都比较穷。我家没有洗衣机[3]，所以有很长时间我都是用手洗衣服的。因为没有冰箱，我们每天都不得不去商店排队买牛奶和其他食物[4]。那时候生活很困难，我们必须学习一些有

1. 童年 tóngnián n.
   childhood

2. 爱沙尼亚 Àishāníyà
   p.n. Estonia

3. 洗衣机 xǐyījī n.
   washing machine

4. 食物 shíwù n.
   food

pái duì = form a line

用的技能[5]。因为商店里的衣服不够漂亮，每个女孩子都学会了做衣服。因为饭店比较少，我们很早就学会了做饭。

还有一件事比较麻烦。我们家的暖气[6]不是很热，我放学[7]回家的时候，家里经常很冷。我的父母都要工作，晚上很晚[8]才下班回家。因此，我们必须自己烧火[9]取暖[10]。

5. 技能 jìnéng   n. skill

6. 暖气 nuǎnqì   n. heating installation

7. 放学 fàngxué   v. school is over

8. 晚 wǎn   adj. late

9. 烧火 shāohuǒ   v. to make a fire

10. 取暖 qǔnuǎn   v. to warm oneself (by a fire, etc.)

24

　　我上学的时候，差不多每家都有了电视，但是我们只有在做完作业以后才能看一会儿电视。那时候对学生来说，考一个好成绩比现在重要，因此学生们都努力地学习。每年我还和同学们去旅游，我们玩得很开心。

　　这就是我的童年。

练习 Exercises

一 选出正确答案。Choose the right answer. ● ●

> A. 差不多　　B. 才　　C. 重要　　D. 穷　　E. 出生

1. "我"(E)的时候和现在很不一样。

2. 当时人们都比较(D)。

3. 那时候,(A)每家都有了电视。

4. 那时候,考一个好成绩比现在(C)。

5. 我们只有做完作业(B)能看一会儿电视。

二 选出正确答案。Choose the right answer. ● ●

1. 为什么我们每天都去买牛奶? (A)

　A. 没有冰箱　　　　　　B. 牛奶好喝

　C. 牛奶很少　　　　　　D. 爱喝牛奶

2. 那个时候商店里的衣服不够漂亮,女孩子们会
　怎么办? (B)

　A. 让妈妈做　　　　　　B. 自己做

　C. 穿旧衣服　　　　　　D. 没办法

3. "我"上学的时候，每家都有了什么？（ C ）

　　A. 冰箱　　　　　　　B. 洗衣机

　　C. 电视　　　　　　　D. 自行车

4. "我"小时候什么时候才能看电视？（ A ）

　　A. 做完作业以后　　　B. 吃完饭以后

　　C. 周末　　　　　　　D. 睡觉前

5. "我"上学的时候，学生们为什么学习都很努力？（ C ）

　　A. 没有钱　　　　　　B. 没有别的事情

　　C. 成绩很重要　　　　D. 不能去旅游

三 说说你的童年。Talk about your childhood.

友谊的桥
The Bridge of Friendship

让姆巴塔洛娃·叶琳娜
俄罗斯远东联邦大学孔子学院

"我"的理想是什么?
What is "my" dream?

06

有一天我在街上散步,天气很暖和,阳光也不错。路上人来人往[1],两个孩子在喝着果汁聊着天,几对恋人[2]在树下休息。

突然我看到一个看起来有点儿紧张的女孩,像是在找什么。我走过去问她需不需要帮助,她不好意思地用英语[3]

1. 人来人往
rénláirénwǎng
people are hurrying to and fro

2. 恋人 liànrén n.
lover

3. 英语 Yīngyǔ p.n.
English (language)

说她第一次来这个城市，不会说俄语[4]。在我们的小城市看见一个美国人[5]，我觉得很奇怪。她也很奇怪在这样一个小城市，能遇到英语说得这么流利的人。

原来这个女孩和她的哥哥在我们的城市旅行，她哥哥去商店里给朋友买礼物，她出来照相，然后就迷路了。十分钟后我们已经开始很高兴地讨论旅行和不同的国家了。过了一会儿，她哥哥找到了我们。女孩把我介绍给她的哥哥，还说我是她的救星[6]，也是她的

4. 俄语 Éyǔ p.n.
   Russian (language)

5. 美国人 měiguórén
   n. American (people)

6. 救星 jiùxīng n.
   savior

导游。她的哥哥笑着说："你真幸运[7]，认识了这么好的人，否则你会走丢的。"

于是我们三个人一起散步、参观、照相，人们都奇怪地看着我们，可能以为我是那两个人的翻译吧。那时候我很高兴地发现，要是你会说外语[8]，就能把自己的国家和文化介绍给外国人[9]，让其他国家的人们了解我们这座漂亮的小城市。

女孩说，那一天我让他们对这座小城和小城的人都有了新的认识，我非常高兴。于

7. 幸运 xìngyùn adj.
   fortunate, lucky

8. 外语 wàiyǔ n.
   foreign language

9. 外国人 wàiguórén
   n. foreigner

是我想当一名翻译。因为这是
很了不起[10]的职业，不仅仅
是把一种语言翻译成另一种语
言，还增进[11]了不同国家人的
感情，是一座友谊的桥。

现在我在努力学习汉语，
希望我的理想早点儿实现[12]。

10. 了不起 liǎobuqǐ
adj. amazing

11. 增进 zēngjìn v.
to enhance, to further

12. 实现 shíxiàn v.
to realize, to achieve

练习 Exercises

一 选出正确答案。Choose the right answer.

A. 旅行　B. 努力　C. 果汁　D. 介绍　E. 翻译

1. 街上两个孩子在喝着（ C ）聊着天。

2. 女孩和她的哥哥来我们小城（ A ）。

3. 女孩把"我"（ D ）给她的哥哥。

4. "我"现在的理想是当一名（ E ）。

5. "我"在（ B ）学习汉语。

二 排列顺序。

Put the following sentences in the right order.

A. 突然"我"看到一个看起来有点儿紧张的女孩。

B. 原来她找不到哥哥了。

C. 于是"我"帮她找到了哥哥。

D. 有一天"我"在街上散步。

E. "我"走过去问女孩需不需要帮助。

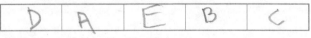

| D | A | E | B | C |

三 说说你的理想。Talk about your dream.

愉快的意大利¹旅行

A Pleasant Journey in Italy

奥列霍娃·柯榭妮娅
俄罗斯国立职业师范大学广播孔子课堂

"我"为什么要去意大利旅行？
Why did "I" travel to Italy?

我的男朋友²是意大利人，我们是去年认识的。他不会说俄语³，我们就用英语⁴交流。他的英语说得还可以，但是我们的文化和生活习惯有很多不同，有时候我很难理解他在说什么。

我很想去他的国家，看看他出生和长大的地方。

1. 意大利	Yìdàlì	p.n.
	Italy	
2. 男朋友	nánpéngyou	
	n. boyfriend	
3. 俄语	Éyǔ	p.n.
	Russian (language)	
4. 英语	Yīngyǔ	p.n.
	English (language)	

今年我毕业了，我的男朋友送给我一份礼物——去意大利旅行。

我们去了意大利的威尼斯[5]，那儿旅行的人很多，商店也很多。威尼斯的假面具[6]和玻璃[7]最有名，但是真的很贵。我买了一个假面具和一副[8]玻璃耳环[9]。去年我男朋友送过我一块心形[10]玻璃，这种玻璃的红色很特别，非常美，我非常喜欢！

我们又从威尼斯去了阿尔卑斯山[11]。阿尔卑斯山有很多小城，我们到那些小城游玩，那里的景色很美，菜也好

5. 威尼斯 Wēinísī
   p.n. Venice

6. 假面具 jiǎmiànjù
   n. mask

7. 玻璃 bōli n. glass

8. 副 fù m. pair

9. 耳环 ěrhuán
   n. earring

10. 心形 xīnxíng n.
   heart-shaped

11. 阿尔卑斯山
   Ā'ěrbēisī Shān
   p.n. Alps

吃，我喜欢那里！

　　我的男朋友把我介绍给他的父母，他们都是很善良[12]的人。在意大利，男人们做饭，所以我的男朋友也会做饭，他做得还不错呢。意大利人还很喜欢认识新朋友，喜欢和朋友聊天。

　　这真是一次愉快的意大利旅行，我对男朋友也有了更多的了解。

12. 善良 shànliáng
　　adj. kind-hearted

练习 Exercises

一 **选出正确答案。** Choose the right answer.

> A. 出生 B. 交流 C. 了解 D. 所以 E. 旅行

1. "我"和男朋友用英语（ B ）。

2. "我"想去看看他（ A ）和长大的地方。

3. 在威尼斯（ E ）的人很多。

4. 在意大利，男人们做饭，（ D ）"我"的男朋友也会。

5. "我"对男朋友有了更多的（ C ）。

二 **排列顺序。**

Put the following sentences in the right order.

A. "我"很想去他的国家看看。

B. 又从威尼斯去了阿尔卑斯山。

C. 于是我们一起去意大利旅行。

D. 我们先到威尼斯。

E. "我"的男朋友是意大利人。

E	A	C	D	B

三 **说说你对异国恋的看法。**

Talk about your opinion of transnational relationships.

中国老年人[1]的秘密[2]

The Secret of Chinese Seniors

奥佳　乌克兰哈尔科夫国立大学孔子学院

中国老年人长寿的秘密是什么？
What is the secret of Chinese seniors to living a long life?

08

有人问："中国老年人为什么长寿[3]？"可能是因为中国老年人爱运动，也可能是因为他们的饮食[4]很健康。我觉得还可能跟中国的一种风俗[5]有关。

在中国，老年人过生日的时候，孩子们一定要给老人买礼物，而且一定要买桃子[6]，这种桃子叫"寿桃[7]"。

1. 老年人 lǎoniánrén
   n. senior citizen

2. 秘密 mìmì　n. secret

3. 长寿 chángshòu
   adj. long-lived

4. 饮食 yǐnshí　n. diet

5. 风俗 fēngsú　n.
   custom

6. 桃子 táozi　n. peach

7. 寿桃 shòutáo　n.
   peach offered as a
   birthday present

老人过生日为什么要吃桃子呢？

中国有一个传说[8]。中国古代[9]有一个人叫孙膑[10]，他十八岁就离开家去学习。很快，十二年过去了。有一天，孙膑突然想到妈妈的生日快到了，就对老师说："老师，我妈妈的生日快到了，我要回家看看她。"老师听了以后就拿

8. 传说 chuánshuō
   n. legend

9. 古代 gǔdài n.
   ancient times

10. 孙膑 Sūn Bìn p.n.
   Sun Bin, a military
   strategist

出一个大桃子，说："妈妈的
生日很重要，应该回去看看，
这是我送给你妈妈的礼物。"

　　回到家，孙膑发现妈妈
老了很多，难过得哭了。可是
妈妈吃了孙膑带回来的桃子
后，立刻¹¹变年轻了。其他人
知道了这件事，也都给家中过
生日的老人买桃子，希望老人
能越来越年轻。这个风俗一直
保留¹²到现在。

　　我想中国老年人长寿的
秘密不是桃子，是孩子们对父
母的关心。如果我们对父母的
关心多一点儿，他们就会更幸
福一点儿，更年轻一点儿。

xing fú = happy

11. 立刻　lìkè　adv.
　　immediately

12. 保留　bǎoliú　v.
　　to keep, to retain

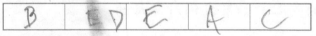

好朋友 Friends

练习 Exercises

一 选出正确答案。Choose the right answer.

> A. 希望　B. 有关　C. 关心　D. 健康　E. 难过

1. 可能是因为他们的饮食很（ D ）。

2. "我"觉得还可能跟中国的一种风俗（ B ）。

3. 孙膑发现妈妈老了很多，（ E ）得哭了。

4. 其他人也（ A ）老人能越来越年轻。

5. 孩子们应该多（ C ）父母。

二 排列顺序。

Put the following sentences in the right order.

A. 老师拿出一个大桃子，送给他妈妈做礼物。

B. 孙膑十八岁就离开家去学习。

C. 妈妈吃了桃子后，立刻变年轻了。

D. 很快，十二年过去了。

E. 有一天孙膑告诉老师，自己要回家看妈妈。

B	D	E	A	C

三 说说你们国家怎样给老人过生日。

Talk about how you celebrate the birthday of a senior in your country.

40

我的国家——喀麦隆[1]

My Country Cameroon

何家望　喀麦隆雅温得第二大学孔子学院

喀麦隆最有名的运动是什么？
What is the most famous sport in Cameroon?

09

　　我的国家喀麦隆是个美丽的地方，在非洲[2]中部。喀麦隆的国旗[3]有三种颜色：绿色、红色和黄色。绿色代表[4]森林，黄色代表热带[5]，红色代表喀麦隆人的血液[6]。大部分喀麦隆人说英语[7]。

　　喀麦隆也叫"小非洲"，因为非洲大部分植物和动物都在这里，你还可以看到非洲国

1. 喀麦隆 Kāmàilóng p.n. Cameroon	
2. 非洲 Fēizhōu p.n. Africa	
3. 国旗 guóqí n. national flag	
4. 代表 dàibiǎo v. to represent, to stand for	
5. 热带 rèdài n. the tropics	
6. 血液 xuèyè n. blood	
7. 英语 Yīngyǔ p.n. English (language)	

家特有[8]的风景[9]，可以吃到好吃的非洲食物[10]，也可以了解非洲人的生活习惯。

在喀麦隆，有很多外国人[11]，喀麦隆人和他们相处[12]得很好。因为喀麦隆人非常热情，喜欢交朋友，喜欢帮助别人。喀麦隆人也很喜欢运动，最有名的就是足球，大部分喀麦隆人都非常喜欢看足球，也喜欢踢足球。除了足球，喀麦隆音乐也很有名。人们喜欢听着音乐跳舞，喀麦隆人跳舞也跳得很好，我们经常和朋友聚会，喝啤酒、跳舞，非常有意思。

8. 特有 tèyǒu adj.
   peculiar, characteristic

9. 风景 fēngjǐng n.
   scenery

10. 食物 shíwù n.
    food

11. 外国人 wàiguórén
    n. foreigner

12. 相处 xiāngchǔ
    v. to get along with

　　如果你想来非洲玩，可以来喀麦隆，这里有很多非洲的植物、动物，有美丽的海，还有可爱的人们！

练习 Exercises

一 **选出正确答案。** Choose the right answer. ● ● ●

> A.森林　B.习惯　C.地方　D.大部分　E.交

1. 喀麦隆是一个美丽的（ C ）。

2. 喀麦隆的国旗上，绿色代表（ A ）。

3. 非洲（ D ）植物和动物都在喀麦隆。

4. 在这里可以了解非洲人的生活（ B ）。

5. 他们喜欢（ E ）朋友，喜欢帮助别人。

二 **选出正确答案。** Choose the right answer. ● ● ●

1. 下面哪项不是喀麦隆国旗有的颜色？（ C ）

　A. 绿色　　　　B. 红色　　　　C. 白色　　　　D. 黄色

2. 大部分喀麦隆人说什么语言？（ C ）

　A. 法语　　　　　　　　　B. 汉语

　C. 英语　　　　　　　　　D. 喀麦隆语

3. 下面哪项不是文中提到的喀麦隆又叫"小非洲"的原因？（ A ）

A. 天气热

B. 有非洲国家特有的风景

C. 可以吃到非洲食物

D. 可以了解非洲人的生活习惯

4. 为什么喀麦隆人和外国人相处得很好？（ A ）

A. 热情　　　　　　B. 喜欢跳舞

C. 喜欢唱歌　　　　D. 喜欢踢足球

5. 下面哪项不是喀麦隆人喜欢做的事情？（ D ）

A. 看足球　　B. 跳舞　　C. 喝啤酒　　D. 开车

三 介绍一下你的国家。Introduce your country.

有趣的文化差异 [1]

Interesting Cultural Differences

André Luis de Lima Moreira
巴西南大河州联邦大学孔子学院

巴西人的聚会一般几点开始？
When does a party of Brazilians usually begin?

10

我在学习汉语，所以与中国学生有很多交流，也发生了很多有趣的事。

拥抱 [2] 是巴西人 [3] 表达 [4] 友好的一种方式 [5]。有一次，我要拥抱一个中国女孩，她却对我说"不"，我很不好意思。我后来才知道，在中国文化中，与女孩子保持 [6] 身

1. 差异 chāyì n. difference	
2. 拥抱 yōngbào v. to hug	
3. 巴西人 bāxīrén n. Brazilian (people)	
4. 表达 biǎodá v. to express	
5. 方式 fāngshì n. way, mode	
6. 保持 bǎochí v. to keep, to maintain	

体距离，是对女孩子的一种尊重。

听说[7]中国人喜欢和朋友一起唱歌，唱得好不好没关系。巴西人却认为唱得不好很丢脸[8]。今年十月，我们学校举办了两场演出。虽然老师已经让我们练习了很多次，表演的时候我们还是有点儿紧张。不过一切都很顺利！刚唱完，我就听到了中国学生热情的掌声[9]。

更有趣的是，有一次我的一个中国朋友说"我们在约定[10]的地方见面"时，听起来却像"我们在屁股[11]见面"，我忍不住[12]大笑。不知道在

7. 听说 tīngshuō　v.
   to hear of

8. 丢脸 diūliǎn　v.
   to lose face

9. 掌声 zhǎngshēng
   n.　applause

10. 约定 yuēdìng　v.
    to appoint, to agree on

11. 屁股 pìgu　n.
    hip, bottom

12. 忍不住 rěnbuzhù
    cannot help (doing sth.)

中国学生眼里，我们说汉语的时候是不是也一样很"可乐"呢？ *funny*

中国学生有点儿害羞，不过他们做事很认真，对人也很好。我们巴西人喜欢各种聚会，一般从晚上十一点开始，到凌晨[13]四点结束。我发现每次聚会时，还不到凌晨两点，

13. 凌晨 língchén n.
before dawn

haixiou = shy

中国学生就差不多都走了，我觉得很不可思议[14]。

我越来越喜欢中国，希望有一天我能去中国看看，看看还有哪些我不知道的文化差异。

cháyì = diferent

14. 不可思议 bùkě-sīyì
inconceivable

练习 Exercises

一 选出正确答案。Choose the right answer. ● ● ●

> A. 表演　B. 发生　C. 交流　D. 举办　E. 越来越

1. "我"与中国学生有很多（ C ）。

2. 我们之间（ B ）了很多有趣的事。

3. 今年十月，我们学校（ D ）了两场演出。

4.（ A ）的时候，我们有点儿紧张。

5. "我"（ E ）喜欢中国。

二 选出正确答案。Choose the right answer. ● ● ●

1. 中国女孩为什么不和"我"拥抱？（ B ）

　　A. 女孩不喜欢"我"　B. 文化差异

　　C. 女孩心情不好　　　D. 女孩想家了

2. 下面哪项不是文中提到的中国学生的特点？

　　（ D ）

　　A. 有点儿害羞　　　B. 做事认真

　　C. 对人很好　　　　D. 喜欢聚会

3. 朋友说"我们在约定的地方见面"时，"我"为什么笑了？（ ）

　　A. "我"没听懂　　　B. "我"听错了

　　C. 朋友在说笑话　　D. "我"觉得不好意思

4. 巴西人觉得唱歌唱得不好怎么样？（ A ）

　　A. 很丢脸　　　　　B. 没关系

　　C. 很正常　　　　　D. 很"可乐"

5. 中国学生在聚会的时候怎么样？（ C ）

　　A. 玩到聚会结束　　B. 玩得不开心

　　C. 提前离开　　　　D. 从不参加

三 说说你学汉语时遇到的有趣的事。

Talk about the interesting things you have experienced when learning Chinese.